AF247986

CONDITIONS

DE

L'ÉVACUATION DE ROME

PARIS

IMPRIMERIE DE L. TINTERLIN ET Cᵉ

Rue Neuve-des-Bons-Enfants, 3

CONDITIONS

DE

L'ÉVACUATION

DE ROME

PARIS

E. DENTU, LIBRAIRE-ÉDITEUR

PALAIS-ROYAL, 13 ET 17, GALERIE D'ORLÉANS

1862

CONDITIONS

DE

L'ÉVACUATION DE ROME

La question de Rome est sans contredit la plus grave de ce temps, puisqu'elle contient le principe des nationalités et l'indépendance des consciences. Ce n'est point par le sacrifice de l'un des deux termes, mais par leur double consécration qu'elle peut être définitivement résolue.

Aussi la France, qui a la mission providentielle d'amener le triomphe de ces deux ordres d'idées en dehors desquelles il n'y a point de civilisation véritable, se devait à elle-même d'y apporter les plus grands efforts.

Et c'est ce que l'Empereur a fait.

Il est impossible d'éliminer la religion : tous naissent, meurent et se marient ; chacun éprouve le besoin d'associer la prière à ses joies comme à ses douleurs, et les fêtes de la patrie, le peuple les sent incomplètes si le culte n'y participe point.

Un État athée ne pourrait subsister : ce serait un corps sans âme. Un État où l'autorité spirituelle serait tout n'est autre que la théocratie, c'est-à-dire le gouvernement de Dieu par les prêtres, seuls interprètes en tout de la volonté suprême. On ramènerait ainsi les peuples à l'enfance des sociétés, et, par conséquent, c'est un anachronisme. Un État, au contraire, où la religion est subordonnée à la politique, autrement dit l'autocratie, reproduirait le gouvernement babylonien duquel il est écrit : « Il n'y avait point d'autre Dieu que le prince. » Et c'est alors la pire des servitudes.

Tout autre est l'État qu'enfante la civilisation : la conscience n'y est pas dans la main de celui qui gouverne. De quelque façon que les deux pouvoirs soient confondus, l'homme, dans cette confusion, perd son libre arbitre : ils doivent donc être distincts, mais non point opposés.

Tel est le problème qu'il est donné à notre époque de résoudre. Et c'est celui que poursuit la France en demandant que la patrie et la liberté soient consacrées par la religion; elle n'aura pas vainement été nommée la nation très-chrétienne.

Voilà où il faut se placer pour comprendre la politique de l'Empereur, au lieu d'essayer de l'expliquer par de mesquins calculs d'intérêt.

L'Empereur, on en a eu la preuve, n'est pas le représentant d'un parti.

De même que le grand homme dont il est le glorieux et fidèle héritier, il a vu les divers partis pour ou contre lui au fur et à mesure qu'il passait dans leur écliptique et qu'il en sortait. Et si la devise : *Tout pour le peuple français*, est demeurée la sienne, il n'a jamais envisagé l'intérêt de la France comme différent de celui de l'humanité.

Au point où les choses en sont arrivées, la solution de la question romaine est, pour ce qui nous concerne, plus proche qu'on ne le croit généralement.

Le moment est solennel; on pourrait craindre un ébranlement social, et cela explique suffisamment la circonspection de l'homme d'État.

Celui qui, dans cette phase décisive, méditera suffisamment sur la politique de notre gouvernement, conviendra que la conclusion à laquelle elle aboutit est la plus logique, la seule juste.

Le Moniteur du 25 septembre publie les documents suivants :

La question romaine étant devenue depuis quelque temps l'objet principal de la polémique des journaux, il nous semble opportun de faire connaître les efforts que le Gouvernement de l'Empereur a tentés en dernier lieu pour amener entre le Saint-Siége et l'Italie une conciliation qui n'a pas cessé d'être le but de sa politique. Nous publions donc la lettre que l'Empereur a adressée au ministre des affaires étrangères au mois de mai dernier et la correspondance qui en a été la suite entre M. Thouvenel et l'ambassadeur de Sa Majesté à Rome :

« 20 Mai 1862.

« Monsieur le Ministre,

« Plus la force des choses nous maintient, relativement à la ques-
« tion romaine, dans une ligne de conduite également éloignée des deux
« partis extrêmes, plus cette ligne doit être nettement tracée, pour
« prévenir désormais l'accusation sans cesse renouvelée de pencher
« tantôt d'un côté, tantôt de l'autre.

« Depuis que je suis à la tête du Gouvernement en France, ma po-
« litique a toujours été la même vis-à-vis de l'Italie : seconder les
« aspirations nationales, engager le Pape à en devenir le soutien
« plutôt que l'adversaire, en un mot, consacrer l'alliance de la reli-
« gion et de la liberté.

« Depuis l'année 1849, où l'expédition de Rome fut décidée, toutes
« mes lettres, tous mes discours, toutes les dépêches de mes ministres
« ont invariablement manifesté cette tendance, et, suivant les circons-
« tances, je l'ai soutenue avec une conviction profonde, soit à la tête
« d'un pouvoir limité, comme Président de la République, soit à la
« tête d'une armée victorieuse sur les bords du Mincio.

« Mes efforts, je l'avoue, sont venus jusqu'à présent se briser contre
« des résistances de toutes sortes, en présence de deux partis diamé-
« tralement opposés, absolus dans leur haine comme dans leurs con-
« victions, sourds aux conseils inspirés par le seul désir du bien. Est-ce
« une raison pour ne plus persévérer, et abandonner une cause grande
« aux yeux de tous et qui doit être féconde en bienfaits pour l'huma-
« nité ?

« Il y a urgence à ce que la question romaine reçoive une solution
« définitive, car ce n'est pas seulement en Italie qu'elle trouble les

« esprits; partout elle produit le même désordre moral, parce qu'elle

« touche à ce que l'homme a le plus à cœur, la foi religieuse et la foi

« politique.

« Chaque parti substitue aux véritables principes d'équité et de

« justice son sentiment exclusif. Ainsi, les uns, oubliant les droits re-

« connus d'un pouvoir qui dure depuis dix siècles, proclament, sans

« égard pour une consécration aussi ancienne, la déchéance du Pape ;

« les autres, sans souci de la revendication légitime des droits des

« peuples, condamnent sans scrupule une partie de l'Italie à une im-

« mobilité et une oppression éternelles. Ainsi, les uns disposent d'un

« pouvoir encore debout comme s'il était abattu, et les autres d'un

« peuple qui demande à vivre comme s'il était mort.

« Quoi qu'il en soit, le devoir des hommes d'État est d'étudier les

« moyens de réconcilier deux causes que les passions seules présen-

« tent comme irréconciliables. Échouerait-on, la tentative ne serait

« pas sans quelque gloire, et, dans tous les cas, il y a avantage à dé-

« clarer hautement le but vers lequel on tend.

« Ce but est d'arriver à une combinaison par laquelle le Pape

« adopterait ce qu'il y a de grand dans la pensée d'un peuple qui as-

« pire à devenir une nation, et, de l'autre côté, ce peuple reconnaî-

« trait ce qu'il y a de salutaire dans un pouvoir dont l'influence

« s'étend sur l'univers entier.

« Au premier abord, en considérant les préjugés et les rancunes,

« également vivaces de chaque côté, on désespère d'un résultat favo-

« rable. Mais si, après avoir examiné le fond des choses, on interroge

« la raison et le bon sens, on aime à se persuader que la vérité, cette

« lumière divine, finira par pénétrer dans les esprits et montrer dans

« tout son jour l'intérêt suprême et vital qui engage, qui oblige les

« partisans de deux causes opposées à s'entendre et à se réconcilier.

« Quel est d'abord l'intérêt de l'Italie? C'est d'écarter autant qu'il

« dépend d'elle les dangers qui la menacent, d'atténuer les inimitiés
« qu'elle a soulevées, enfin de renverser tout ce qui s'oppose à sa lé-
« gitime ambition de se reconstituer. Pour vaincre tant d'obstacles, il
« faut les envisager froidement.

« L'Italie, comme État nouveau, a contre elle tous ceux qui tien-
« nent aux traditions du passé ; comme État qui a appelé la révolu-
« tion à son aide, elle inspire la défiance à tous les hommes d'ordre.
« Ils doutent de sa vigueur à réprimer les tendances anarchiques, et
« hésitent à croire qu'une société puisse s'affermir avec les mêmes
« éléments qui en ont bouleversé tant d'autres. Enfin, à ses portes,
« elle a un ennemi redoutable, dont les armées et le mauvais vouloir,
« facile à comprendre, seront longtemps encore un danger imminent.

« Ces antagonismes déjà si sérieux le deviennent davantage en
« s'appuyant sur les intérêts de la foi catholique. La question reli-
« gieuse aggrave de beaucoup la situation et multiplie les adversaires
« du nouvel ordre de choses établi au delà des Alpes. Il y a peu de
« temps, le parti absolutiste était le seul qui lui fût contraire. Aujour-
« d'hui, la plupart des populations catholiques en Europe lui sont
« hostiles, et cette hostilité entrave non-seulement les intentions bien-
« veillantes des gouvernements rattachés par leur foi au Saint-Siége,
« mais elle arrête les dispositions favorables des gouvernements pro-
« testants ou schismatiques qui ont à compter avec une fraction consi-
« dérable de leurs sujets. Ainsi, partout, c'est l'idée religieuse qui
« refroidit le sentiment public pour l'Italie. Sa réconciliation avec le
« Pape aplanirait bien des difficultés et lui rallierait des millions
« d'adversaires.

« D'autre part, le Saint-Siége a un intérêt égal, sinon plus fort, à
« cette réconciliation ; car si le Saint-Siége a des soutiens zélés parmi
« tous les catholiques fervents, il a contre lui tout ce qui est libéral en
« Europe. Il passe pour être en politique le représentant des préjugés

« de l'ancien régime, et, aux yeux de l'Italie, pour être l'ennemi de
« son indépendance, le partisan le plus dévoué de la réaction. Aussi
« est-il entouré des adhérents les plus exaltés des dynasties déchues,
« et cet entourage n'est point fait pour augmenter en sa faveur
« les sympathies des peuples qui ont renversé ces dynasties. Cepen-
« dant, cet état de choses nuit moins encore au Souverain qu'au Chef
« de la religion. Dans les pays catholiques où les idées nouvelles ont
« un grand empire, les hommes mêmes les plus sincèrement attachés
« à leurs croyances sentent leur conscience se troubler et le doute
« entrer dans leurs esprits, incertains qu'ils sont de pouvoir allier
« leurs convictions politiques avec des principes religieux qui semble-
« raient condamner la civilisation moderne. Si cette situation, pleine
« de périls, devait se prolonger, les dissentiments politiques risque-
« raient d'amener des dissidences fâcheuses dans les croyances mêmes.

« L'intérêt du Saint-Siége, celui de la religion, exigent donc que le
« Pape se réconcilie avec l'Italie ; car ce sera se réconcilier avec les
« idées modernes, retenir dans le giron de l'Église deux cents millions
« de catholiques, et donner à la religion un lustre nouveau en mon-
« trant la foi secondant les progrès de l'humanité.

« Mais sur quelle base fonder une œuvre si désirable ?

« Le Papé, ramené à une saine appréciation des choses, compren-
« drait la nécessité d'accepter tout ce qui peut le rattacher à l'Italie,
« et l'Italie, cédant aux conseils d'une sage politique, ne refuserait pas
« d'adopter les garanties nécessaires à l'indépendance du Souverain-
« Pontife et au libre exercice de son pouvoir.

« On atteindrait ce double but par une combinaison qui, en main-
« tenant le Pape maître chez lui, abaisserait les barrières qui séparent
« aujourd'hui ses Etats du reste de l'Italie.

« Pour qu'il soit maître chez lui, l'indépendance doit lui être assu-
« rée, et son pouvoir accepté librement par ses sujets. Il faut espérer

« qu'il en serait ainsi, d'un côté, lorsque le gouvernement italien
« s'engagerait vis-à-vis de la France à reconnaître les Etats de l'E-
« glise et la délimitation convenue ; de l'autre, lorsque le gouverne-
« ment du Saint-Siége, revenant à d'anciennes traditions, consacrerait
« les priviléges des municipalités et des provinces de manière à ce
« qu'elles s'administrent pour ainsi dire elles-mêmes ; car, alors, le
« pouvoir du Pape, planant dans une sphère élevée au-dessus des
« intérêts secondaires de la société, se dégagerait de cette responsabilité
« toujours pesante et qu'un gouvernement fort peut seul supporter.

« Les indications générales qui précèdent ne sont pas un *ultimatum*
« que j'aie la prétention d'imposer aux deux partis en désaccord, mais
« les bases d'une politique que je crois devoir m'efforcer de faire pré-
« valoir par notre influence légitime et nos conseils désintéressés.

« Sur ce, je prie Dieu qu'il vous ait en sa sainte garde.

« **NAPOLÉON**. »

Le ministre des affaires étrangères à l'ambassadeur de France à Rome.

Paris, le 30 mai 1862.

« Monsieur le marquis, je crois utile, au moment où vous vous préparez à
retourner à votre poste, de consigner dans une dépêche le résumé de nos con-
versations sur les graves intérêts que l'Empereur a confiés à votre zèle et à
votre dévouement, et de vous fournir ainsi le moyen d'établir, une fois de
plus, le caractère invariablement amical et bienveillant de la politique du Gouvernement de Sa Majesté à l'égard du Saint-Siége.

« La pensée qui nous a guidés, dès le début de la crise que traversent
ensemble l'Église et l'Italie, n'a pas cessé de nous animer, et si infructueux
qu'aient été jusqu'ici nos efforts, nous n'en sommes pas arrivés encore à nous
convaincre de l'inutilité de les poursuivre. En n'abandonnant pas l'espoir
d'atteindre le but que nous nous proposons, en me refusant à admettre que la
destruction de l'état de choses inauguré dans la Péninsule doive être une
condition *sine qua non* d'existence pour le pouvoir temporel de la Papauté, ou
que la chute de ce pouvoir soit devenue la conséquence logique et nécessaire
de l'établissement du royaume d'Italie, je suis certain d'être l'organe des inten-

tions et des volontés de l'Empereur. Sa Majesté a daigné préciser, dans une lettre qui m'est adressée, les idées que lui ont inspirées de longues et sérieuses réflexions sur la situation respective du Saint-Siége et de l'Italie.

« Vous trouverez ci-jointe, monsieur le marquis, une copie de cet important document, et les considérations si pleines d'élévation, de lucidité et de force qui y sont développées vous indiqueront, avec une autorité que tout commentaire de ma part amoindrirait, le terrain où vous aurez à vous placer dans vos entretiens avec le cardinal Antonelli et le Saint-Père lui-même.

« J'avais évité à dessein, en vous prescrivant la démarche dont vous vous êtes acquitté au commencement du mois de janvier dernier, de formuler le plan de conciliation pour la préparation duquel vous étiez chargé de réclamer avant tout le concours du Saint-Siége. J'espérais, en effet, que notre ouverture ne serait pas repoussée par une fin de non-recevoir aussi catégorique, et que le cardinal Antonelli nous aiderait à rechercher les bases d'un arrangement acceptable pour le Chef de l'Église et compatible avec les événements accomplis dans la Péninsule. Devant la résistance que nous avons rencontrée, une plus longue réserve risquerait d'être mal comprise. Les tentatives du Gouvernement de l'Empereur pour amener la cour de Rome à se départir, dans l'ordre temporel, de ses doctrines absolues, pourront échouer, mais il importe que nos intentions ne soient ni défigurées, ni méconnues, et que personne n'ait le droit de nous accuser de n'avoir point articulé nettement les conditions qui, à nos yeux, garantiraient l'indépendance, la dignité et la souveraineté du Père commun des fidèles, sans remettre de nouveau en question les destinées de l'Italie. Jamais, je le proclame hautement, le Gouvernement de l'Empereur n'a prononcé une parole de nature à laisser espérer au cabinet de Turin que la capitale de la catholicité pût, en même temps, devenir, du consentement de la France, la capitale du grand royaume qui s'est formé au delà des Alpes. Tous nos actes, toutes nos déclarations s'accordent, au contraire, pour constater notre ferme et constante volonté de maintenir le Pape en possession de la partie de ses États que la présence de notre drapeau lui a conservée. Je renouvelle ici cette assurance, monsieur le marquis ; mais je répète aussi, avec une égale franchise, que toute combinaison reposant sur une autre base territoriale que le *statu quo*, ne saurait aujourd'hui être soutenue, par le Gouvernement de l'Empereur. Le Saint-Père, comme il l'a fait à d'autres époques, pourrait réserver ses droits dans la forme qu'il jugerait convenable ; mais un arrangement impliquerait de sa part, dans notre pensée, la résignation de ne plus exercer son pouvoir que sur les provinces qui lui restent. L'Italie, de son côté, aurait à renoncer à ses prétentions sur Rome ; elle devrait s'engager, vis-à-vis de la France, à respecter le territoire pontifical et à se charger de la plus grande partie, sinon de la totalité de la dette romaine.

« Si le Saint-Père, dans un esprit de paix, de charité et de concorde, consentait à se prêter à une transaction de ce genre, le Gouvernement de l'Empereur ne verrait que des avantages à tâcher d'y faire participer les Puissances signataires de l'acte général de Vienne, et d'unir leur garantie à la sienne. Il prendrait également, soit auprès de ces Puissances, soit plus particulièrement auprès de celles dont le catholicisme est la foi religieuse, l'initiative d'une proposition tendant à offrir au Saint Père, en compensation des ressources qu'il ne trouverait plus dans le nombre réduit de ses sujets, une sorte de liste civile dont les titres inaliénables seraient remis entre ses mains. Le Gouvernement de l'Empereur s'estimerait heureux, pour sa part, de contribuer, dans la proportion d'une rente de trois millions de francs. à la splendeur du trône pontifical et aux œuvres de religion et de charité dont le centre est à Rome. Ainsi protégé à l'extérieur par la garantie de la France et des Puissances qui se joindraient à elle, le gouvernement pontifical n'aurait plus qu'à se concilier l'adhésion de ses sujets par`de sages réformes, et, du jour où l'on s'y mettrait résolûment, en s'inspirant des principes qui président partout à l'organisation des sociétés modernes, cette tâche ne serait pas aussi difficile qu'elle le paraît. Le Saint-Père disait dernièrement, avec une haute raison, que le pouvoir temporel, tout nécessaire qu'il fût, n'était pas un dogme. Il ne l'est pas plus dans son essence constitutive que dans son étendue territoriale, et le premier devoir comme l'obligation la plus urgente des gouvernements, quelle que soit leur origine, c'est de marcher avec l'esprit de leur temps et de se bien convaincre que l'assentiment des populations est aujourd'hui, sinon la source, tout au moins le seul fondement solide de l'autorité souveraine.

« Voilà, monsieur le marquis, l'exposé succinct, mais que je crois complet, cependant, des idées que l'Empereur entend apporter au règlement de la question romaine. Ce sont ces idées que vous aurez à développer au cardinal Antonelli et à faire connaître au Saint-Père lorsque vous aurez l'occasion de l'approcher. Vos démarches, afin de répondre aux sentiments de bienveillance qui animent Sa Majesté, n'auront naturellement rien de comminatoire.

« Vous aurez pourtant à laisser pressentir, si l'on vous oppose aussi catégoriquement que par le passé la théorie de l'immobilité, que le Gouvernement de l'Empereur ne saurait y conformer sa conduite, et que, s'il acquérait malheureusement la certitude que ses efforts pour décider le Saint-Père à accepter une transaction fussent devenus désormais inutiles, il lui faudrait, tout en sauvegardant autant que possible les intérêts qu'il a jusqu'ici couverts de sa sollicitude, aviser à sortir lui-même d'une situation qui, en se prolongeant au delà d'un certain terme, fausserait sa politique et ne servirait qu'à jeter les esprits dans un plus grand désordre.

« Vous êtes autorisé à lire cette dépêche au cardinal Antonelli.

« Agréez, etc.

« THOUVENEL. »

L'ambassadeur de France à Rome au ministre des affaires étrangères.

« Rome, le 24 juin 1862.

« Monsieur le Ministre,

« Dans sa dépêche du 31 mai, Votre Excellence, s'inspirant des sentiments de profonde bienveillance qui n'ont cessé d'animer le Gouvernement de l'Empereur à l'égard du Saint-Siége, a bien voulu préciser les conditions qui lui semblaient les plus propres à garantir, en face de l'état de choses récemment inauguré dans la Péninsule, l'indépendance, la dignité et la souveraineté du Saint-Siége.

« Ces conditions, que je ne crois pas inutiles de rappeler, se résumaient dans les quatre points suivants :

« 1º Le maintien du *statu quo* territorial, le Saint-Père se résignant, sous toutes réserves, à n'exercer son pouvoir que sur les provinces qui lui restent, tandis que l'Italie s'engagerait, vis-à-vis de la France, à respecter celles que l'Église possède encore. Le Souverain-Pontife consentant à se prêter à cette transaction, le Gouvernement de l'Empereur devait tâcher d'y faire participer les Puissances signataires de l'acte général de Vienne.

« 2º Le transfert, à la charge de l'Italie, de la plus grande partie, sinon de la totalité, de la dette romaine.

« 3º La constitution, au profit du Saint-Père, d'une liste civile destinée à compenser les ressources qu'il ne trouverait plus dans le nombre réduit de ses sujets. En prenant l'initiative de cette proposition auprès des Puissances européennes, et plus particulièrement auprès de celles qui appartiennent au culte catholique, la France devait s'engager, pour sa part, à contribuer dans la proportion d'une rente de trois millions a l'indemnité offerte au Chef de la catholicité.

« 4º La concession par le Saint-Père de réformes qui, en lui ralliant ses sujets, consolideraient à l'intérieur un pouvoir déjà protégé au dehors par la garantie de la France et des puissances européennes.

« Conformément à vos ordres, monsieur le ministre, je m'étais empressé, dès mon arrivee, d'entretenir le cardinal secrétaire d'État des propositions développées dans la dépêche précitée de Votre Excellence. A notre seconde entrevue, je lui en avais donné lecture *in extenso*, et Son Éminence l'avait hier sous les yeux lorsque, dans une quatrième conférence résumant toutes les précédentes, elle a opposé aux ouvertures dont j'étais l'interprète un refus que tout porte à me faire considérer comme définitif. C'est sous sa dictée, pour ainsi dire, que j'en ai reproduit les termes.

« Le cardinal secrétaire d'État m'a exprimé tout d'abord les sentiments de reconnaissance qu'inspirait au Saint-Pere cette nouvelle preuve, ajoutée à tant d'autres, de la bienveillance de l'Empereur pour le Saint-Siége. Il lui était malheureusement impossible d'y répondre autrement que par ce témoignage de gratitude. « Le Saint-Père, m'a dit Son Éminence, ne peut consentir à rien qui, directement ou indirectement, consacre d'une manière quelconque les spoliations dont il a été la victime. Il ne peut aliéner ni directement ni indirectement, aucune parcelle d'un territoire qui constitue la propriété de l'Église et de la catholicité tout entière. Sa conscience s'y refuse, et il tient à la garder pure devant Dieu et devant les hommes.

« Le Saint-Père ne peut donc consentir à ce qu'on lui garantisse une partie de cette propriété : ce serait, en fait, sinon en droit, faire l'abandon du reste. Sa conscience, je le répète, ne le lui permet pas.

« Il s'étonne, d'ailleurs, que ces propositions lui soient soumises avant que le Gouvernement de l'Empereur se soit entendu avec le Piémont, seule cause des désordres actuels. Pourquoi imposer des sacrifices à la victime, plutôt qu'à celui qui l'a dépouillée ? »

« J'ai fait observer à Son Eminence qu'il nous avait paru tout à la fois plus respectueux et plus utile de nous adresser tout d'abord au Saint-Siége. Si le soin de sa dignité nous faisait un devoir de consulter avant tout ses convenances, l'intérêt de la transaction que nous poursuivions ne nous engageait pas moins à nous assurer de son assentiment avant toute autre démarche destinée a l'entourer des garanties du droit conventionnel. Je demandais d'ailleurs a Son Eminence, en présence du regret qu'elle venait de formuler, si, dans le cas où l'Italie eût adhéré la première à nos propositions, le Saint-Père se serait montré plus disposé à les accepter lui-même.

« Le cardinal secrétaire d'Etat m'a répondu négativement. Le Souverain-Pontife se trouverait toujours en face de la même question de conscience.

« Revenant aux sûretés dont nous nous proposions d'entourer le maintien du *statu quo* territorial, Son Eminence a insisté sur ce point que les puissances signataires du traité de Vienne ayant garanti, par cet acte même, la totalité des Etats de l'Eglise, il serait étrange et, en quelque sorte, contradictoire, que ces mêmes puissances fussent invitées à n'en garantir qu'une faible partie. J'ai répondu au cardinal, comme j'avais déjà eu l'occasion de le faire dans une précédente discussion, qu'en principe, l'acte général de Vienne n'avait pas plus solennellement garanti les possessions du Saint-Siége que les autres Etats dont les limites avaient été fixées à cette époque ; qu'en fait les répartitions territoriales opérées alors avaient déja subi plus d'une atteinte.

« Je n'avais pas besoin de rappeler à Son Eminence que les mêmes puissances qui avaient constitué la Hollande en 1815, avaient permis, en 1831, que la Belgique s'en détachât ; et, pour ne parler que des changements politiques survenus en dernier lieu dans la Péninsule, ces modifications, elle le savait, avaient été déjà plus ou moins implicitement reconnues par plusieurs des cabinets représentés au congrès de Vienne. Le Saint-Siége avait tout intérêt, dès lors, à voir substituer a cette garantie à laquelle il faisait allusion, garantie générale, inefficace, appartenant plutôt à l'histoire qu'à la politique actuelle, frappée par une sorte de prescription, affaiblie, en tout cas, par plus d'un fait accompli, une garantie nouvelle, spéciale, ne dépendant plus d'un ensemble de stipulations d'autant plus difficiles à maintenir qu'elles étaient plus complexes, mais ayant, au contraire, pour but particulier le règlement définitif d'une question capitale tant au point de vue de l'Europe qu'à celui de la catholicité tout entière. Cette garantie, nous avions le légitime espoir d'y associer les puissances signataires de l'acte général de Vienne ; mais l'adhésion du Saint-Père nous était d'abord nécessaire.

« Le cardinal secrétaire d'Etat s'est borné à rappeler les motifs qui ne permettaient pas au Saint-Siége de renoncer, sous quelque forme que ce fût, à une portion quelconque des droits qui étaient bien moins sa propriété que celle du monde catholique. Ces mêmes raisons lui faisaient repousser la clause qui tendait à mettre à la charge du gouvernement de Turin le paiement de la dette romaine :

« Le Saint-Siége étant le véritable débiteur, m'a dit Son Eminence, consentir à laisser attribuer au gouvernement usurpateur les dettes du gouvernement légitime, ce serait, de la part du Saint-Père, reconnaître la spoliation elle-même. Sa conscience s'y refuse absolument. Aidée des dons des fidèles,

Sa Sainteté a pu jusqu'ici faire face à des obligations qu'elle considère comme sacrées. Pleine de confiance dans la divine Providence, elle continuera à remplir ses engagements, et n'y renoncera que lorsqu'elle se verra dans l'impossibilité absolue d'y satisfaire.

« Le refus obligé de ces propositions, a continué Son Eminence, entraîne nécessairement le rejet de la troisième, qui n'aurait sa raison d'être que dans l'acceptation des deux premières. Si reconnaissant que soit le Saint-Père des dispositions si généreuses que lui témoigne l'Empereur, ainsi que de la proposition dont Sa Majesté se déclare prête à prendre l'initiative à son égard, il lui est impossible de les accepter. Il doit les decliner dans l'intérêt de son indépendance, sinon de sa dignité. Accepter une indemnité sous quelque forme que ce soit, ce serait encore reconnaitre la spoliation qu'elle a pour but de compenser. On ne peut accepter la compensation quand on n'accepte pas le sacrifice, et ce sacrifice, encore une fois, le Saint-Père n'a pas le droit de le faire.

« Quant à la dernière question, m'a dit en terminant le cardinal secrétaire d'État, je n'ai rien à ajouter aux déclarations que j'ai déjà eu l'occasion de faire au prédécesseur de Votre Excellence. Ces réformes sont prêtes ; elles ne seront promulguées que le jour où les provinces usurpées rentreront sous l'autorité légitime dont elles ont été distraites. »

« J'ai rapporté textuellement, Monsieur le ministre, les paroles dans lesquelles le cardinal secrétaire d'État a résumé sa réponse. Je n'importunerai pas Votre Excellence en reproduisant en détail les arguments que j'ai opposés à chacune des objections qui m'étaient faites. Pour ne relever que les dernières, j'ai fait observer au cardinal Antonelli qu'en lui proposant le transfert de la dette romaine au Piémont, nous ne nous étions pas dissimulé les objections que ce projet soulèverait de la part du Saint-Siége. Sérieusement préoccupés, toutefois, d'une éventualité que le gouvernement pontifical était obligé lui-même de prévoir, nous avions à cœur, en le déchargeant d'une dette qui absorberait si vite ses dernières ressources, de le sauver d'embarras que nous n'envisagions pas avec la même résignation.

« Le Saint-Siége était engagé vis-à-vis de ses propres populations : pouvait-il leur imposer le poids de la dette tout entière, jusqu'au moment où il ne lui serait plus permis de faire face ni aux obligations du dehors ni aux engagements contractés à l'intérieur ? Le Saint-Père comptait sur le denier de saint Pierre ; mais nous ne pouvions avoir la même confiance dans une ressource aussi aléatoire.

« En déchargeant au contraire ses sujets de sacrifices impossibles à soutenir, en dispensant les fidèles d'offrandes impossibles à régulariser, en acceptant directement des puissances catholiques les subsides nécessaires à l'entretien et aux splendeurs du centre de la catholicité, en accordant enfin les réformes qu'exige l'esprit des sociétés modernes, le Saint-Père se retrouvait plus libre, plus fort, en face de ses sujets réconciliés, et pouvait consacrer exclusivement les ressources du pays, sans que l'Église proprement dite en souffrit, au développement de son bien-être et de sa prospérité matériels. C'était donc au nom de la prudence, de la justice et du progrès, c'était avant tout dans l'intérêt de la dignité et de l'indépendance du Souverain-Pontife, que nous recommandions ce qu'il repoussait comme contraire à son indépendance et à sa dignité. C'était si bien le vœu de l'Empereur, que sa sollicitude semblait avoir prévu jusqu'au cas, si peu probable, où notre initiative auprès des autres puissances européennes resterait sans résultat, puisque la part que la France offrait dès à présent à elle seule représentait la totalité de la liste civile actuelle du Saint-Père.

« Quant à la résolution si nettement manifestée par la cour de Rome d'ajourner indéfiniment des réformes qu'elle-même a jugées indispensables, de mettre à un acte de justice et d'humanité pure une condition purement politique, de faire envier et expier tout à la fois aux populations restées sous l'autorité du Saint-Siége la situation plus favorable de celles qui ont pu s'y soustraire, je n'ai pas même besoin d'indiquer les réflexions qu'elle a dû m'inspirer. Je les ai présentées avec d'autant plus de mesure et de réserve que le terrain sur lequel on se plaçait était plus difficile à défendre.

« Il me serait impossible, encore une fois, de reproduire dans toutes ses phases une discussion qui a rempli quatre entrevues successives. Pénétré des considérations développées dans les instructions de Votre Excellence, comme des vues si généreuses, si élevées qui ont dicté à l'Empereur ce nouvel effort dans le sens d'une conciliation désirable à tant de titres, j'ai la conscience d'avoir épuisé, dans la limite de mes forces, tous les moyens de justifier les propositions dont j'étais l'interprète. J'ai vainement représenté au cardinal secrétaire d'État que les scrupules de conscience dans lesquels se résumaient les objections du Saint-Siége pouvaient et devaient céder devant les réserves de droit que nous nous étions toujours déclarés prêts à admettre de sa part. Ces réserves, la cour de Rome les avait formulées à d'autres époques ; en les reproduisant aujourd'hui dans les termes qu'elle jugerait le plus convenables, elle restait fidèle à ses principes autant qu'à ses traditions politiques. Dans les précédents auxquels je faisais allusion, le Saint-Père trouvait non-seulement sa complète justification, mais un exemple à suivre. En maintenant le droit, il obéissait à sa conscience ; en admettant le fait, il donnait satisfaction à la prudence, à la paix et à la charité. Quel immense intérêt n'avait pas le Saint-Père à sortir d'une situation impossible à prolonger, à entrer dans la seule voie de salut qui lui fût offerte, à se réconcilier avec l'Italie dont ses destinées ne pouvaient être séparées, comme avec les populations dont le soin lui avait été confié, à voir assurer par un acte solennel, entouré d'une garantie européenne, un territoire que notre seule présence lui avait conservé jusqu'ici ; à accepter, dans de légitimes compensations, les conditions de dignité et d'indépendance indispensables au libre exercice de ses droits spirituels, à rendre moins lourdes aux fidèles une contribution mesurée, aujourd'hui, bien moins à leur piété qu'à des ressources nécessairement de plus en plus limitées ; de sauver enfin par des concessions dont l'histoire de l'Église offrait plus d'un exemple, mais jamais dans des circonstances aussi pressantes, Rome de ses souffrances et de son isolement, l'Italie d'une rupture définitive avec la Papauté, l'Europe des graves complications qu'elle redoute, les consciences du trouble qui les agite, la foi du schisme qui la menace, l'Église elle-même d'une des plus rudes épreuves qui l'ait jamais atteinte.

« Lorsque la France, il y a six mois à peine, a invité le Saint-Père à s'entendre avec elle, en principe et sans en fixer les bases, sur une transaction destinée à assurer son indépendance, ses ouvertures ont été repoussées par une fin de non-recevoir absolue. Sa sollicitude ne s'est point lassée. Le gouvernement de l'Empereur vient de formuler et de soumettre au Saint-Siége les propositions les plus explicites. Chargé de les transmettre, je constate avec le même regret qu'elles ont eu le même sort.

« Veuillez agréer, etc.

« Lavalette. »

L'importance de ces documents est considérable. Leur publication a pour objet de montrer où est l'obstacle, de quel côté sont les torts, et pour but de préparer les esprits à une retraite tant de fois annoncée.

S. E. le cardinal secrétaire d'État a répondu au nom du Saint-Père à notre ambassadeur M. de Lavalette le même mot qu'en janvier : « Le Pape ne transigera jamais. » Et déjà il s'était exprimé dans ces termes avec S. Exc. M. de Grammont.

C'est donc le troisième refus net et positif. Et l'ambassadeur de France note que la volonté bien arrêtée de la cour de Rome est de ne rien céder. Ce refus est d'autant plus grave que la lettre de l'Empereur n'a été écrite qu'à la suite et en conformité du vœu des chambres, et que la réponse de Sa Sainteté n'a été faite qu'à la suite et en conformité du vœu des évêques convoqués à Rome.

Toute tentative nouvelle près du Saint-Siége aurait été visiblement inutile. D'un autre côté, quelle concession demander au gouvernement du roi d'Italie, quand la cour de Rome déclare formellement qu'elle n'en acceptera ni même n'en discutera aucune. Sans égard pour les faits les plus irrésistibles ni les nécessités les moins contestables, le Pape veut, avant tout, être rétabli dans les provinces qu'il a perdues. Il faudrait lui reconquérir les Marches, l'Ombrie et les Romagnes !

Alors seulement, il consentira à parler de réformes. Or, c'est ce qui fut dit aussi à Gaëte en 1849. On ne voulait donner de réformes que rentré à Rome, dans la plénitude du pouvoir souverain et *motu proprio*. Le monde sait ce qu'il en advint.

Et aujourd'hui, les quatre points de la dépêche du marquis de Lavalette ont eu le même sort que ceux contenus dans la lettre au colonel Edgard Ney.

Le cabinet de Turin s'est montré constamment disposé à entrer en arrangement, tenant compte des circonstances et des difficultés, et s'en remettant au temps et à la Providence. Et cette bonne volonté des Italiens, elle fut témoignée non par un homme d'État seulement, mais par tous, il faut leur rendre justice, tant ils ont eu toujours, grâce à leur grand sens pratique, une saine appréciation des choses. Il n'en fut pas de même de la cour de Rome qui, mêlant sans cesse deux ordres d'idées qu'il est si important de distinguer, transportait dans le domaine politique essentiellement mobile comme les événements, la rigueur ecclésiastique essentiellement immuable comme le dogme.

Vainement une haute raison exposa tous les motifs qui devaient amener une modification dans les jugements du Sacré-Collége, motifs d'avenir religieux aussi bien que d'intérêts terrestres, rien n'a pu vaincre une inexplicable obstination.

S. M. le roi d'Italie avait offert au Souverain-Pontife une entente qui eût été la réalisation des promesses de l'Église libre dans l'État libre. Les concessions consenties par les hommes d'État qui présidaient à cette époque aux destinées italiques étaient telles, qu'elles ont paru excessives à la plupart des libéraux et alarmé même certains gouvernements très-favorables à l'Église. On leur reprochait d'être trop étendues ; et pourtant le Saint-Siége les rejeta dédaigneusement sans examen.

S. M. l'Empereur a présenté au Souverain-Pontife une combinaison qui, sauvegardant son pouvoir temporel auquel il déclarait attacher tant d'importance, et qui, réconciliant la religion et la patrie, devait ouvrir une nouvelle ère à l'Église. L'Empereur s'engageait à obtenir l'acceptation du roi d'Italie, à qui jusqu'alors il n'avait pas promis Rome pour capitale, et la garantie de toutes les grandes puissances. Le Pape, qui avait bien discuté ses droits et ses intérêts temporels à Vienne en 1815, fait prévaloir les uns et concédé les autres, réacquis les Légations mais perdu à toujours le comtat Venaissin, n'a pas voulu même discuter le projet que Sa Majesté très-chrétienne soumettait respectueusement à sa délibération.

Le cardinal Antonelli demandait dernièrement à S. E. M. de Lavalette, comme on l'a vu par les documents : « Pourquoi ne vous êtes-vous pas d'abord adressé à Turin ? » Parce que le *Non possumus* n'est jamais venu que de Rome, et que, avant de proposer telle ou telle transaction à Turin, il était nécessaire de savoir si Sa Sainteté consentirait enfin à se départir de son immuable absolu : la discussion des bases d'arrangement serait venue après. Que le cabinet de Turin ait accepté tel article ou non, là n'est pas la question, puisqu'il a toujours admis qu'il pouvait y avoir lieu à traiter. .

Il est à croire que les ministres du roi d'Italie n'eussent point reculé devant l'adoption pure et simple des propositions impériales ; en effet, elles n'ont rien de contraire au principe de la souveraineté nationale; la volonté ultérieure des populations n'est pas préjugée. L'État pontifical étant placé au même rang que tous les États, eût pu être reconnu comme tel par le roi d'Italie et par toutes les puissances, sauf à ce que plus tard les modifications apportées par les événements amenassent la reconnaissance d'un autre ordre de choses.

L'Empereur l'a dit : pour durer, il faut que le pouvoir temporel soit librement accepté par les populations ; mais, en dehors de cette volonté, comment veut-on donc se maintenir ? Il n'appartient vraiment pas à la puissance qui représente plus particulièrement la pensée chrétienne, et dont le chef est le vicaire de Jésus-Christ, de régner malgré le vœu persistant des habitants et par la force des baïonnettes étrangères !

Le Parlement et le Roi eussent répondu sans aucun doute aux propositions médiatrices de S. M. l'Empereur : « Oui, nous acceptons; oui, nous reconnaissons le nouvel État pontifical dans ses limites actuelles, et le respecterons au même titre que les autres États. » Mais cette reconnaissance, comme celle de tous les États, implique qu'elle soit demandée. Or, non-seulement le Pape ne la demande pas, mais il la repousse.

L'Europe n'a rien à reconnaître ni à décider, puisque le Pape rejette son action et sa médiation non moins que celle de l'Empereur. Il répète aujourd'hui, par la bouche du cardinal secrétaire-d'État, ce qu'il disait il y a deux ans à S. Exc. M. de Grammont :

« Le Saint-Siége n'adhérera à aucun protocole qui contiendrait une réserve concernant la question des Romagnes. Admettre une réserve à cet égard lui paraît une concession au fait accompli. Si les puissances catholiques se réunissent pour traiter les affaires du Saint-Siége, la première question qui doit les occuper est celle des Romagnes. Ou bien, ces puissances adhèrent à la spoliation, ou bien elles la désapprouvent. Dans le premier cas, le Saint-Siége ne peut conférer avec elles ; dans le second, il ne peut admettre que tous les États catholiques, formant une force aussi imposante dans le monde, en soient réduits à souffrir en silence et à cacher leur mécontentement par crainte de déplaire à la Sardaigne : il n'acceptera jamais une garantie pour les États restés sous sa domination, parce qu'à ses yeux ce serait reconnaître une différence entre ces États et ceux qui lui ont été ravis. Sous ce rapport, sa résolution est inébranlable. »

Cette réponse venait à la suite de la lettre si noble que S. M. l'Empereur avait écrite à Sa Sainteté, le 31 décembre 1859, et que nous croyons devoir reproduire :

« Très-saint Père,

« La lettre que Votre Sainteté a bien voulu m'écrire le 2 décembre
« m'a vivement touché, et je répondrai avec une entière franchise à
« l'appel fait à ma loyauté.

« Une de mes plus vives préoccupations, pendant comme après la
« guerre, a été la situation des États de l'Église ; et certes, parmi les
« raisons puissantes qui m'ont engagé à faire si promptement la paix,
« il faut compter la crainte de voir la révolution prendre tous les jours
« de plus grandes proportions. Les faits ont une logique inexorable, et
« malgré mon dévouement au Saint-Siége, malgré la présence de mes
« troupes à Rome, je ne pouvais échapper à une certaine solidarité
« avec les effets du mouvement national provoqué en Italie par la lutte
« contre l'Autriche.

« La paix une fois conclue, je m'empressai d'écrire à Votre Sain-
« teté, pour lui soumettre les idées les plus propres, selon moi, à
« amener la pacification des Romagnes, et je crois encore que si, dès
« cette époque, Votre Sainteté eût consenti à une séparation admi-
« nistrative de ces provinces et à la nomination d'un gouverneur
« laïque, elles seraient rentrées sous son autorité. Malheureusement
« cela n'a pas eu lieu et je me suis trouvé impuissant à arrêter l'éta-
« blissement du nouveau régime. Mes efforts n'ont abouti qu'à empê-
« cher l'insurrection de s'étendre, et la démission de Garibaldi a
« préservé les marches d'Ancône d'une invasion certaine.

« Aujourd'hui, le congrès va se réunir. Les puissances ne sauraient
« méconnaître les droits incontestables du saint Siége sur les Léga-
« tions : néanmoins il est probable qu'elles seront d'avis de ne pas
« recourir à la violence pour les soumettre. Car, si cette soumission
« était obtenue à l'aide de forces étrangères, il faudrait encore occuper
« les Légations militairement pendant longtemps. Cette occupation
« entretiendrait les haines et les rancunes d'une grande portion du
« peuple italien, comme la jalousie des grandes puissances : ce serait
« donc perpétuer un état d'irritation, de malaise et de crainte.

« Que reste-t-il donc à faire ? car enfin cette incertitude ne peut
« pas durer toujours. Après un examen sérieux des difficultés et des
« dangers que présentaient les diverses combinaisons, je le dis avec
« un regret sincère, et quelque pénible que soit la solution, ce qui me
« paraîtrait le plus conforme aux véritables intérêts du Saint-Siége, ce
« serait de faire le sacrifice des provinces révoltées. Si le Saint-Père,
« pour le repos de l'Europe, renonçait à ces provinces qui, depuis
« cinquante ans, suscitent tant d'embarras à son gouvernement, et
« qu'en échange il demandât aux puissances de lui garantir la posses-
« sion du reste, je ne doute pas du retour immédiat de l'ordre. Alors,
« le Saint-Père assurerait à l'Italie reconnaissante la paix pendant de

« longues années, et au Saint-Siége la possession paisible des États de
« l'Église.

« Votre Sainteté, j'aime à le croire, ne se méprendra pas sur les
« sentiments qui m'animent, elle comprendra la difficulté de ma si-
« tuation, elle interprétera avec bienveillance la franchise de mon
« langage, en se souvenant de tout ce que j'ai fait pour la religion ca-
« tholique et pour son auguste Chef.

« J'ai exprimé sans réserve toute ma pensée, et je l'ai cru indis-
« pensable avant le Congrès. Mais je prie Votre Sainteté, quelle que
« soit sa décision, de croire qu'elle ne changera en rien la ligne de
« conduite que j'ai toujours tenue à son égard.

« En remerciant Votre Sainteté de la bénédiction apostolique
« qu'elle a envoyée à l'Impératrice, au Prince Impérial et à moi, je
« lui renouvelle l'assurance de ma profonde vénération.

« De Votre Sainteté, Votre Dévot Fils,

« **NAPOLÉON.** »

En vain S. Exc. **M.** Thouvenel écrivait à la date du 12 février, à
notre ambassadeur à Rome :

« Si le Saint-Siége se décidait enfin à descendre des régions mysti-
ques où la question n'est réellement pas placée, pour revenir sur le
terrain des intérêts temporels seuls engagés dans ce débat, si, à l'intel-
ligence de la situation, il joignait la modération dans les procédés,
peut-être apporterait-il, quoiqu'il soit bien tard, un changement favorable à sa cause. »

En vain, quelques jours après, **M.** de Cavour s'engageait, dans le
cas de concessions pontificales, à faire tout ce qui dépendrait de lui
pour prévenir des troubles dans les États-Romains.

Le Saint-Père se refusa à tout accommodement, et pour n'avoir pas
voulu abandonner les Légations, il perdit les Marches et l'Ombrie.

Aujourd'hui, même entêtement dans le Sacré-Collége.

Le Saint-Siége a-t-il sainement compris sa position? On ne peut s'empêcher de remarquer que le royaume d'Italie se trouvera moins lié au temporel ainsi qu'au spirituel. Une convention religieuse conclue avec le Souverain-Pontife sous l'empire d'un violent désir d'aller à Rome, eût pu être onéreuse pour l'avenir de la nation italienne. Placée sous la sauvegarde des puissances, ne leur eût-elle pas donné un droit d'ingérence au moins collective qui est toujours pour un pays une sorte de tutelle. Bien plus, si l'État territorial actuel du Pape eût été reconnu et garanti par les puissances, sous condition de neutralité perpétuelle, n'y eût-il pas eu là une porte ouverte perpétuellement aux interventions étrangères?

Il fallait que ce fût proposé. Le destin de l'Italie l'a fait repousser par ceux-là mêmes qui devaient en être d'autant plus protégés. Nous ne savons si la cour de Rome aura à regretter son inflexibilité, mais certes, les Italiens n'ont pas à maudire leur fortune.

Il y en eut, parmi leurs hommes d'État, qui ont voulu faire appel à l'Europe. Il est mieux pour l'Italie que tout se passe entre elle et la France; son indépendance future en sera mieux assurée. La France, en se retirant d'Italie, entend que nul n'y intervienne après elle.

Tant que les dernières voies de conciliation n'étaient pas épuisées, les populations ont gardé une attitude calme, autant par réspect pour la France que dans l'espoir d'un bon accord. Maintenant que la cour de Rome fait évanouir toute chance de rapprochement entre elle et l'Italie, et ajourne toute réforme à l'époque de la restauration du pontificat dans l'universalité des domaines que lui avaient reconnus les traités de Vienne, n'est-il pas à craindre que la France, si elle continuait à abriter de son drapeau d'aveugles résistances, se vît d'un jour à l'autre exposée à ne pouvoir plus elle-même demeurer à Rome qu'avec l'état de siége !

La France, en présence de prétentions absolues, ne pourrait se bercer de la confiance qu'elle parviendra à faire agréer ses conseils, et nul congrès ne pourrait être appelé à en décider, puisque les grandes puissances ont reconnu le royaume d'Italie et sanctionné le plébiscite par lequel les populations des trois quarts de l'ancien État pontifical se sont volontairement données au gouvernement constitutionnel de S. M. Victor-Emmanuel, et que, si d'un côté le Pape a déclaré ne pouvoir prendre part à un Congrès qui mette en discussion l'intégrité du pouvoir temporel, de l'autre le roi d'Italie n'admet point que la capitale acclamée par le parlement lui soit contestée. On ne peut revenir ni à la veille de 1859, ni au lendemain de 1815.

Le Gouvernement français avait pourtant conquis par deux guerres le droit de médiateur. Il avait donné aux deux partis tour à tour un gage bien puissant, d'abord au Pape par l'expédition de Rome, puis au roi Victor-Emmanuel par la campagne d'Italie.

Eh bien, en mettant tous ses soins à concilier, il n'aboutit qu'à provoquer contre sa politique les défiances des uns et des autres.

Puisque nous ne sommes point écoutés, et qu'il ne nous appartient pas d'imposer notre manière de voir, nous n'avons qu'à quitter Rome.

La Papauté, livrée à elle-même, trouvera sans doute dans les lumières de l'Esprit-Saint, comment pourvoir librement aux besoins moraux des âmes qui l'ont pour guide ; et le nouveau royaume, hors de page, ne saurait méconnaître les tempéraments qu'exige une position encore si menacée.

D'ailleurs, si l'Italie le croit utile, notre armée, en se retirant de Rome, peut occuper momentanément un point de territoire. De même que, si le Pape le désire, notre drapeau pourrait être arboré par lui sur son propre palais, et pour sa sûreté personnelle.

Ce n'est point le nombre de nos soldats qui a fait notre force à Rome, mais la bannière et le nom de la France. L'Empereur, en rappelant ses troupes de Rome et en laissant le drapeau français au Vatican, aurait la certitude d'avoir assuré la protection de la personne du Pape aussi efficacement que l'indépendance de l'Italie.

Jusqu'ici, le gouvernement de l'Empereur avait observé la plus grande réserve quant à Rome comme capitale de l'Italie ; mais il ne peut pas ne pas prendre en quelque considération que le cri des volontaires était l'expression d'un besoin impérieux, puisqu'il est constaté par ceux-mêmes qui ont comprimé les volontaires.

Le gouvernement du Roi a montré trop de fermeté dans d'aussi délicates circonstances, pour que l'Europe n'ait pas la confiance qu'il saurait réprimer demain de pareilles tentatives si elles venaient à se produire après le départ de notre armée.

Et la nation italienne est trop catholique pour qu'un gouvernement constitutionnel y puisse léser les consciences, surtout lorsque tout sujet de lutte aurait disparu.

Il est certain qu'une nouvelle position du Saint-Siége nécessiterait une modification dans les rapports des divers États avec l'Église ; mais la gravité même de ces changements inspirera sans doute, à chacun, l'esprit de sagesse qui convient pour résoudre de telles difficultés.

« L'homme veut, disait Napoléon, savoir d'où il vient et où il va. » Il le demande à la religion. Et lorsque le sacerdoce est resté le fidèle gardien des traditions et qu'il se conserve assez pur pour recevoir la lumière d'en haut, il est entouré du respect universel : la foule sait qu'elle puise auprès de lui une force morale.

Le gouvernement doit aussi pouvoir dire où l'on va ; un gouvernement sans direction et sans but serait semblable à un pilote sans étoile ni boussole. On n'obéirait pas, et tous seraient dans l'inquiétude et le trouble.

Or, quand sur la question vitale il sort du pouvoir et du sanctuaire une réponse différente, c'est le signe d'une maladie sociale très-dangereuse.

Le Christianisme renferme certainement la plus grande somme de vérités religieuses, comme la nationalité est la source des plus précieuses traditions. Notre devoir est de travailler à établir l'harmonie entre le Christianisme et la Nationalité.

Ainsi sera irrévocablement consacrée l'ère nouvelle que les principes de 89 ont inaugurée ; ainsi sera assuré le triomphe de la civilisation qui consiste à créer des citoyens, qui les fait grandir par la liberté spirituelle et les droits politiques.

Ce fut là le but persistant de la politique de l'Empereur. Après l'avoir cherché par une médiation amicale, il ne lui reste plus qu'à le faciliter par une protection à distance.

Les Italiens et le gouvernement de S. M. le roi Victor-Emmanuel se sont émus de certaines attaques de plume dirigées contre l'unité de l'Italie. La susceptibilité qu'ils ont ressentie était légitime ; pourtant on doit savoir que si la politique de l'Empereur a des temps d'arrêt, elle ne recule jamais ; mais elle embrasse un grand nombre de questions à la fois et, essentiellement médiatrice, elle tend à les dénouer plutôt qu'à les trancher.

Ces attaques ont, du reste, servi la cause de l'Italie, puisqu'elles ont fait éclater l'universalité des vœux pour l'unité nationale.

La politique de l'Empereur envers le Saint-Siége en est arrivée à une espèce de mise en demeure ; les âmes sincèrement pieuses ne s'en alarmeront point, car elles savent que les intérêts spirituels seront toujours soigneusement sauvegardés.

Que les Italiens calment leurs inquiétudes : la France va se retirer de Rome ; qu'ils travaillent donc en pleine concorde et avec unanimité à augmenter leur force militaire, afin d'être en état de suffire à leur propre défense, le jour où le dernier soldat français aura quitté le rivage italien.

Aujourd'hui, le moment de conclure est en effet venu. Les esprits demandent à sortir de cette incertitude qui fait mal ; les événements peuvent devenir graves ; et si la France n'a pu les prévenir, du moins a-t-elle à dégager sa responsabilité.

Il y a lieu de croire que la décision suivante serait accueillie avec un contentement général comme répondant aux exigences réelles de la situation et comme étant inspirée par le sentiment des grands devoirs que notre gouvernement a à remplir au point de vue des nationalités et au point de vue des intérêts religieux :

Considérant que les plus grands efforts pour l'octroi de réformes en rapport avec les besoins du temps sont demeurés sans résultat ;

Que tantôt il est allégué que les lois actuellement en vigueur sont les meilleures qui puissent exister, et que les populations sont satisfaites ; tantôt que les réformes qui pourraient être nécessaires ne seront promulguées que lorsque le Pape sera réintégré dans tous ses anciens États ;

Qu'il ne dépendait pas de la France de conserver au Pape des territoires dont l'Autriche s'était arrogé la protection, et qu'assurément elle n'est pas tenue de lui reconquérir ;

Qu'après les refus réitérés de la Cour de Rome il ne reste nul espoir au Gouvernement de l'Empereur d'obtenir aucune concession ;

Que, par conséquent, notre occupation n'a plus de raison d'être.

Il paraît convenable de s'arrêter aux décisions suivantes :

1° Les troupes françaises se retireront de Rome le 1er janvier 1863 ;

2° Le gouvernement du Roi d'Italie prend l'engagement de n'attaquer ni laisser attaquer du dehors le territoire pontifical actuel ;

3° Le gouvernement de Sa Sainteté veillera à ce que nulle incursion n'ait lieu sur le territoire de S. M. le Roi d'Italie.

4° Les troupes françaises séjourneront temporairement à Civita-Vecchia.

Que pouvait faire de plus l'Empereur? Il ne pouvait employer à perpétuité la force pour soumettre un peuple au Saint-Siége. Si, depuis treize ans, celui-ci n'a pas introduit les réformes qui l'eussent fait accepter des populations, et si, aujourd'hui encore, il remet à une époque indéterminée l'introduction des améliorations les plus essentielles, il n'y avait plus rien à espérer ni à attendre. La France, en y restant plus longtemps, n'eût fait que compromettre son nom, sa dignité, son principe.

Il faut s'attendre aux amères récriminations de ceux qui cependant ont eu une telle part aux bienfaits de l'Empereur. En le voyant réduit malgré lui à l'abstention, plusieurs ne manqueront point de dire qu'il se contredit et que sa politique est une politique d'abdication.

Déjà, il y a deux ans, le mot : « Lave-toi les mains, Pilate, » a été jeté par un évêque ; mais ce sont là de pieuses calomnies qui ne blessent que ceux qui ont la faiblesse de se les permettre. S'il y a peu de modestie et surtout peu de vérité à comparer le Pape Pie IX, maintenu roi par les baïonnettes étrangères, au Christ qui mourut sur la croix sans vouloir d'autre royauté que sa royauté spirituelle, il y a vraiment trop d'oubli des situations pour oser comparer le protecteur si constant du Saint-Père à celui qui livra l'Homme-Dieu. Qui ne sait, qui ne voit que l'Empereur abandonne un pouvoir qui s'est depuis longtemps abandonné lui-même.

Sans l'Empereur, où serait aujourd'hui la Papauté? Et il est permis d'ajouter : si ses conseils eussent été suivis, combien ne serait-elle pas devenue populaire, glorieuse, puissante! Il n'y avait pour cela qu'à puiser la vie là où elle est, c'est-à-dire à la source nationale.

Maintenant que le Pape va se trouver seul en présence des Romains, écoutera-t-il la voix de son peuple, se prêtera-t-il à leur accorder ce que nul pouvoir humain ne refuse, les réformes que le temps et le progrès rendent universellement désirées? En les proclamant le jour même du départ des troupes, par un *motu proprio,* qui douterait de la plénitude de sa liberté?

Que les Italiens, les Français une fois partis de Rome, tournent toute leur attention vers le quadrilatère ; qu'ils s'organisent militairement ; qu'ils n'épargnent ni argent, ni armes, ni sacrifices. L'argent placé sur l'indépendance de la patrie est celui qui rapporte le plus gros intérêt, tant sont grands les bienfaits de la délivrance.

Qu'ils se rappellent la parole de Milan : « Italiens, soyez tous aujourd'hui soldats pour être demain les citoyens libres d'un grand pays. »

La question romaine finit pour ce qui concerne la France ; elle entre pour l'Italie dans une phase nouvelle. Que les Italiens fassent usage de ce tact qui leur valut tant d'éloges et à si juste titre, et qui les fit appeler les maîtres de la politique.

Il ne faut pas que le Pape ait aucun motif de partir ; il faut que les esprits se calment, que le Saint-Père voie comment il peut vivre réellement libre au milieu du royaume d'Italie. Le monde catholique se rassurera, s'habituera. Et qui sait, peut-être alors, se rendant au vœu des Italiens, consentira-t-il à abaisser des barrières qu'il a jusqu'ici, et par une crainte sans doute exagérée, opiniâtrement voulu conserver.

Que les Italiens se pénètrent de cette vérité ; c'est que le lendemain du départ des Français, si des violences ou seulement des agitations intempestives obligeaient le Pape à se retirer de Rome, de nouvelles difficultés et plus embarrassantes s'élèveraient aussitôt. Le premier Napoléon les évita près de dix ans ; mais un jour la question, de politique, devint religieuse, par suite du refus du Saint-Père de consacrer de nouveaux évêques. Cette complication, qui a déjà commencé pour le roi Victor-Emmanuel, peut grandir. Elle peut, par le départ du Pape, surgir pour d'autres nations. Que S. M. le roi d'Italie y songe ; qu'il ne néglige aucune des précautions qui feront éclater à tous les yeux que rien de ce qui était possible pour concilier n'a été omis. Avec la puissance, l'esprit de modération doit croître ; un bien bel exemple peut être donné par l'Italie.

La France se retire : que le royaume d'Italie adopte, lui aussi, vis-à-vis de la capitale qu'il désire, la politique d'abstention. Plus il croit y avoir droit et plus il lui sera tenu compte de ce sacrifice volontaire et qui ne saurait être que momentané, s'il entre dans les vues de la Providence que Rome soit la capitale de l'Italie.

Qu'on ne pense pas que la précipitation soit toujours le plus court moyen d'arriver. Un temps d'arrêt peut servir puissamment les intérêts des Italiens et écarter de leur route plus d'un obstacle qui autrement leur serait dangereux.

Qu'ils n'oublient pas que leur royaume manque encore de frontière au Nord, et qu'en peu d'heures les Autrichiens peuvent être de Vérone dans Milan. Tant que l'Italie n'est pas maîtresse du quadrilatère, il faudrait qu'elle ne soit guère qu'un camp. C'est vers le Nord que ses forces doivent converger. Stratégiquement, il ne serait probablement pas sans danger de se trop éloigner du point attaquable. En s'enfonçant dans la Péninsule, l'Italie pourrait plutôt diminuer qu'augmenter ses forces. Pour compléter son indépendance, les Italiens seront à Turin mieux placés qu'à Rome. Rome peut être la capitale de la nation italienne, Turin est à la tête du camp italien, en face de l'étranger vaincu, non détruit et toujours menaçant. Assurément la France sans Paris serait singulièrement amoindrie ; mais avant d'avoir Paris, la France eut sa capitale transitoire à Aix-la-Chapelle. C'est de là que son autre grand empereur tint tête aux invasions de son temps.

Peut-être, laissés à eux-mêmes, le Pape et le royaume d'Italie s'entendront-ils mieux et se réconcilieront-ils plus vite que par les soins d'un médiateur dont chacun était toujours disposé à suspecter quoiqu'à tort l'impartialité. Le besoin qu'ils ont l'une de l'autre, l'avantage pour l'Italie que le Pape reste au milieu d'elle et l'intérêt évident pour le Saint-Siége de ne point se déplacer volontairement, tout cela fera trouver la combinaison tant cherchée, et qui doit assurer à la fois la grandeur de la patrie et l'indépendance de l'Église.

Si la France séjourne un moment et par une dernière étape de retour à Civita-Vecchia, il est à présumer que nul ne s'en formalisera. L'expédition de Rome sera ainsi, et pour un but probablement très-court, ramené à son but premier. Cela n'échappera point aux libéraux de notre pays, et, en Italie, le Saint-Père verra dans cette retraite par étapes une preuve de sollicitude. Le Parlement national comprendra que la France, ayant encore un pied dans la Péninsule, conserve par là même un motif de plus d'élever la voix en faveur de l'indépendance totale de l'Italie, et assure par sa présence le principe de non-intervention.

Le drapeau de la France flottant à Civita-Vecchia, signifiera : le Pape peut rester à Rome, même sans troupes ; car la France, à la place de son armée, a laissé sa parole. Et il signifiera aussi : l'Autriche n'a point à jeter les yeux au delà du Mincio ni du Pô ; car la France ne permettra pas qu'on viole le principe de non-intervention. Le reflet lointain de notre drapeau sur Rome et sur Venise sera ainsi une double garantie.

Octobre 1862.